Bickel · Meilinger Die Wüste befreit

Die Wüste befreit

Texte von Margot Bickel
zu den Bildern von Hans-J. Meilinger

Herder Freiburg · Basel · Wien

Aus der Sattheit aufbrechen –
Hunger entdecken
aus der Trägheit aufbrechen –
der Veränderung Raum geben
aus dem Reichtum aufbrechen –
zur Armut vorstoßen

Das Wagnis
Wahrhaftigkeit
eingehen
sie leben
lieben
leben

In die Wüste
geführt
der Ausweglosigkeit
ausgeliefert
die Erlösung
ersehnen
warten
beten
geschehen lassen

Freiheit ist schön

Wer sie haben will
wird an ihr scheitern

Hast du Freiheit?
Bist du frei?
Es ist eine Frage des Seins
nicht des Besitzens

Wüste durchleiden
durchwandern, durchleiden, durchwandern
im Wissen um die Hitze am Tag
die Kälte in der Nacht
die kargen Wasserrationen
die beißenden Sandstürme
die Einsamkeit
die Leere
das Nichts

Wüste durchleiden
durchwandern, durchleiden, durchwandern

Die Wüste in mir
aushalten
liebenlernen

Der Wüste
ausgeliefert
der eigenen Leere

Ich sehe die Brunnen nicht
die Oasen
merke nicht
daß ich verdurste
verhungere
daß das Leben
das ich aus mir
heraussaugen will
abgestanden ist
trüb
vergiftet –
von mir

Die Wüste in mir
kann mich versuchen
mir selbst mehr zu trauen
als Dem
der mich zu den Wassern
des Lebens führen will

Unterliege ich der Versuchung
verdurste ich
neben dem Brunnen

Feigheit –
die Lüge des anderen wissen
und ihn nicht zu seiner Wirklichkeit führen

Feigheit –
die eigenen Lügen kennen
und die Wahrheit nicht zulassen

Feigheit –
meine Lügen
mein Davonlaufen

Ich stammle
stottere
meine Vermessenheiten
zu erklären
Rechtfertigungen
zu suchen –
spüre nicht
die Anmaßung
die sich darin verbirgt

Ließe ich mich
wirklich fassen
ohne Neid
ohne Angst
von Deiner Größe –
mir bliebe
nur
der Dank
im Schweigen

Dunkelheit
bedrohlich
blind machend
erdrückend

Die Versuchung
spüren
Finsternis
zu kosten
Dunkelheit
zu lieben

Steh auf

Ich gebe dir zu essen
zu trinken –
du meinst
es sei zuwenig
es reiche nicht

Gibst du
dem, den du liebst
nicht auch, was er braucht?

Verhungern wirst du
an deinem Mißtrauen
verdursten
an deiner Angst

Steh auf
ich gebe dir zu essen
zu trinken

In Grenzsituationen gestellt
offenbart sich mir
meine Wirklichkeit
wie Staub
zerfällt die Fassade –
was sich mir
als Felsen darbot
ist nichts
als ein Haufen Sand

Wenn alle Täuschungen
verweht sind
mir noch die Wahrheit
den Atem nimmt
ahne ich den Sinn
darf ich den Weg
wiederfinden

In unserem Innern
sind die Eindrücke
aller Fehltritte zu lesen
die wir begangen haben
alle Spuren von Verwundungen
die uns zugefügt wurden

Nach und nach
verwehen sie
werden sie zugedeckt

Sie nicht mehr sehen können
heißt aber nicht
nicht mehr da sein
nicht geschehen sein
nicht gewesen sein

Wirklichkeit heißt
ich sehe
ich erkenne
ich kehre um

Erkenntnis läßt mich neu werden
Umkehr läßt mich leben

Unversehrt
unberührt
unverletzt
ein Traum
haltlos
eine Sehnsucht
ungebrochen
ein Wunsch
unerfüllbar
was ich mir
nicht selbst zerstörte
zertraten andere
Geschehenes
läßt sich nicht
rückgängig machen

Es bleiben
Schmerz
Hoffnung
Glauben
an eine größere
unantastbare
Reinheit
und ich ahne
hinter allen Narben
eine Schönheit
zu der wir
erblühen dürfen
die trotz allem
immer noch
in uns keimt

Wir stehen immer wieder
vor Scherben
bis wir es zulassen
zu sein, was wir sind
zu werden, was wir sein sollen

Ausgetrocknet
zerbrochen
leer
warten
warten
warten
auf das Wort
die Berührung
das Leben

Ausgelaugt
scheint alles zu glühen
innerlich
die Wunden
die nie geheilt sind
die Fehler
die nur getarnt wurden

Die eigenen Abgründe
locken
aufzugeben
liegenzubleiben

Einer
ruft dich heraus
holt dich heraus –
laß dich berühren
tragen
heilen

Vom Sand
vom Wind geformt

Das Starke vom Schwachen
vom Unfaßbaren
Unsichtbaren
geformt
geprägt

Du

Samenkörner
fallen
unter Steine
fallen
in heißen Sand
ausgeliefert
tödlicher Trockenheit

Trotz allem –
sie werden leben

Die Stille
aushalten
erdulden
ertragen
bis du
die Botschaft
hörst
die Sprache
verstehst
die Wahrheit
findest
die dich
zum Leben
ruft

Brot –
Steine
sind wir füreinander

Quellen –
ausgetrocknet
sind wir füreinander

Mit Steinen in Händen
ausgetrockneten Herzen
werden wir nicht satt
und hungern
und dürsten
klammern uns an Steine
lassen nicht zu

daß sie verwandelt werden –
daß wir verwandelt werden
du und ich
zu Brot
das gebrochen wird
zu Quellen
die sich verströmen

Im Wasserspiegel
einer Oase
das eigene
Gesicht sehen
die Narben des Stolzes
die Wunde des Egoismus
die Spuren der Feigheit

Dieses Spiegelbild
aushalten
und an der Quelle
trinken
trinken
trinken

Ausweglosigkeit
birgt in sich
Neubeginn
Aufbruch
Auferstehung

Wenn wir glauben
am Ende zu sein
stehen wir
erst
am Anfang

Es sind die
kleinen Treulosigkeiten
kleinen Lügen
die dazu beitragen
daß wir uns selbst
die schwerste Last sind
nicht loskommen
von unserem falschen
Ich

Dabei schlägt
unaufhörlich
in dir
in mir
die Sehnsucht
nach Wahrheit
und Freiheit
zu der wir
gerufen
berufen
sind

Du sehnst dich
deine Verwundbarkeit
zeigen zu können
du hast sie
mit Stacheln getarnt
du stehst allein
und bist dir selbst
ein Stachel

Das Wagnis
Vertrauen
befreit dich
heilt dich

Du
vermagst mich
aufzurichten
mir Kraft zu geben
und Halt
wo ich gebrochen bin
gebrochen wurde –

doch zu selten
zeige ich dir
meine Tränen
meine Traurigkeit
meine Müdigkeit

Und so weine ich
mitunter
über meinen Stolz

Wie eine zerbrochene Schale
hältst du in Händen
die Scherben deiner Lügen
über dich selbst

Halt sie nicht fest
laß dich los
laß dir geschehen

Du wirst staunen
wie aus dir
eine neue Schale wird
mit der andere
zum Brunnen gehen
Wasser schöpfen
und mit dir
überleben

Gott
auf den Wegen
hin zu Dir
kommst Du mir
entgegen
führst mich
zu Quellen
zu Ruheplätzen

Erst wenn die Wüste
hinter mir liegt
erkenne ich
Du warst immer
bei mir
und ich
habe Dich
nicht erkannt

Irgendwann
bleibt nichts von dir auf Erden
als vielleicht
die Erinnerung an
deine Augen
dein Lachen
deine Hände
in den Herzen
der Menschen
die dich liebten

Liebe
die Stille
höre das Rieseln des Sandes
in deiner Lebensuhr
damit du nicht
aufschreckst
wenn schon die letzten
Sandkörnchen
fallen

Und hinter allen krummen Linien
in meinem Leben
liegt das Geheimnis einer
schöpferischen Ordnung verborgen
die ich nicht
zu enträtseln vermag

Mir bleibt
kindliches Staunen
wenn ich sie
von Zeit zu Zeit
erahnen darf

Deine Wüste
ist Bereitung
Prüfung
Gnade

Sie verändert dich
wenn du sie einläßt
sie erlebst
sie aushältst
du
wirst
du

Sie kehren immer wieder
die Zeiten der Trockenheit
der Leere
die Erfahrung von Wüste
in deinem und meinem Leben
in dir selbst
in mir

Sie durchzustehen
auszuhalten
zu ertragen
erfordert Kraft
Hoffnung
Vertrauen
prüft deine Treue

Hältst du durch? –
du wirst reich beschenkt sein

Die Wüste befreit

Zu meiner Todesstunde
wünsche ich mir
leise
gehen zu dürfen
ruhig
einzutauchen
in das Licht
von dem ich
manchmal
träume

Mensch
nicht selbst geschaffen
unvollkommen
auf Vollendung angelegt

Was war
was ist
was wird
sein –
die Spannung aushalten
und
werden

In die Wüste
fallen
fallen
fallen
endlos
hoffnungsvoll
vertrauend

Du hältst mich
und läßt mich
nie mehr
fallen

Du stirbst viele Tode
du läufst viele Male davon
du fällst immer wieder hin
du wirst immer wieder eingeholt
bis du
zu Ihm hin auferstehst

Du hältst sie aus
die Einsamkeit
die Stille
das Schweigen –
Er ist bei dir

Trau Ihm –
du zerbrichst nicht
du wächst
und lebst
aus Ihm

Die Spuren
der Verirrungen
nicht verwischen –
sie eingestehen
Dem
der sie erduldet

erträgt
und wartet
auf dich
auf mich
und
wartet

Vergebung –
zu neuem Leben
erwachen
an der Wurzel
heil werden
gesunden
erblühen

Hoffnungen
Enttäuschungen
Illusionen
nicht festhalten
loslassen

leer werden
für die Hoffnung
die trägt
Freude schenkt
Leben schafft

Ich liebe dich
an einer Oase des Lebens
aussprechen
ich liebe dich
in der Eintönigkeit des Lebens
durchhalten
ich liebe dich
in der Erfahrung der Wüste
treu bleiben

Ich glaube –
so kann
ich
dich
lieben

Schritt
für Schritt
hinterläßt du Spuren
sie verwehen wieder
so wichtig sind sie nicht

Aber du
bist einmalig –
auf deinem Weg
dein Leben
zu leben
dein Leben
zu lieben
das kannst nur du!

Einer wollte
daß du wirst
wie Er
dich dachte

Aus deiner Wüste
kehrst du
verwandelt wieder –
mit deiner Wirklichkeit
vertraut
Gottes Größe
ahnend
um deine Kleinheit
wissend
reich beschenkt
durch
die Wüste

Geh
durch die Wüste in deinem Leben –
du vermagst nicht
sie zu bewässern
und fruchtbar zu machen
den Sand und die Steine
bringt ein Anderer
zum Blühen –
halte dich bereit
für die Freude
für das Leben
wenn der Dornbusch
brennt

Mut haben
das Unüberwindliche
anzugehen

Mut haben
die Angst
auszusprechen

Mut haben
den Weg
weiter zu gehen

Mut haben
die Wirklichkeit
zu erkennen

Wage es –
du überwindest
die Angst
vor dem Weg
deine Wirklichkeit
liebenzulernen

Kann ich etwas lieben
das stark genug ist
mich umzubringen
kann ich etwas lieben
das ich nicht bezwingen kann
kann ich etwas lieben
das ich kaum verstehe
kann ich etwas lieben
das ich nie besitzen werde
kann ich etwas lieben
dem ich gehorchen muß
kann ich es lieben –
das Leben?

Jemand rief mich beim Namen
und sagte: werde

Aus der Wüste
heimgekehrt
verändert
verwandelt –
die erbarmungswürdige
Wirklichkeit
vor Augen
und die Schönheit
des Erbarmens Gottes
im Herzen

Und jetzt
leben
lieben
leben
lieben

Die Bilder dieses Buches entstanden auf verschiedenen Reisen in der Sahara. Immer war ich zusammen mit meiner Frau dort, begleitet von Freunden aus Frankreich, der Schweiz, Kanada oder Deutschland.
Diese Bilder entstammen nicht den heute bekannten und berühmten Regionen des Ahaggar, des Tassili-N-Ajjer oder des Aïr-Gebirges im Niger.
Ich fotografierte sie vielmehr in entlegenen Gebieten zwischen den Dünenzügen des Erg Chech nahe der mauretanischen Grenze im Westen bis hin zu den Ausläufern des Tibesti-Gebirges im äußersten Südosten Libyens.
Hochgebirge begeistern uns. Schon nach der ersten Reise in die Sahara erlagen wir einer grenzenlosen Faszination, welche die Wüste auf uns ausübte. Aber es sind nicht die phantastischen Hochgebirge dieser Wüste, die uns anziehen – dort fühlen wir uns heimisch –, es sind die immensen Flächen dazwischen, die Weite der Tanezrouft, die Ténéré – das Meer des Nichts, wie die Tuareg sagen – und dann vor allem die unendliche Ruhe und Makellosigkeit der Dünenlandschaften. Mit Vorliebe hielten wir uns während der letzten Reise dort auf, wo Jahrmillionen währende Erosion neu Gestalt annimmt, wo Wind, Sand und Licht in vollkommener Harmonie eins sind.
Impressionen von ähnlicher Klarheit und Unberührtheit vermag nur noch das Hochgebirge zu vermitteln. Wie Eis und Schnee ist der Sand von Menschen unberührt und ihnen gegenüber indifferent. Wenn wir ihn betreten und auf langen Fußmärschen dem Wesen der Wüste nahekommen möchten, empfinden wir uns als unbefugte Eindringlinge. In einer Zeit, da Habgier und modernste Technik bis in die entlegensten Winkel der Sahara vorzudringen versuchen, leben wir in der Hoffnung, daß sie auch in Zukunft der Wüste das Geheimnis des Sandes nicht entreißen werden.

Hans-J. Meilinger

Sechste Auflage – Neuausgabe

Reproduktionen: H. u. H. Schaufler, Freiburg
Herstellung: Freiburger Graphische Betriebe 1989
ISBN 3-451-21564-0